NÉCROLOGIE

DÉNAIN

JEAN-BAPTISTE-HONORÉ.

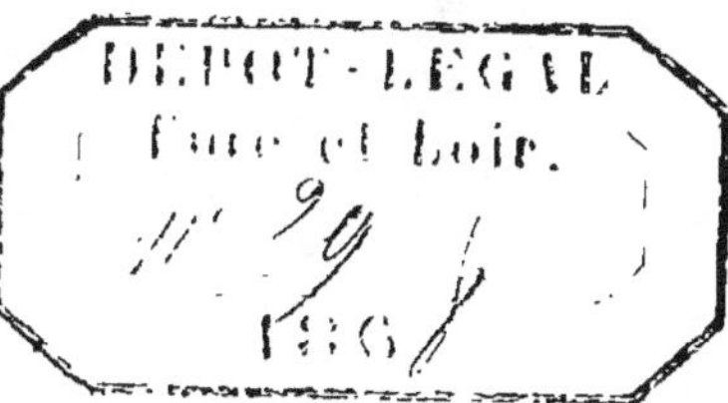

CHARTRES. IMPRIMERIE DE GARNIER.

J.-B.-H. DENAIN.

———

L'Université vient de perdre un de ses membres les
plus distingués et les plus dévoués dans la personne de
M. Denain, inspecteur de l'Académie de Paris en rési-
dence à Chartres, ancien Recteur de la Haute-Marne,
chevalier de la Légion d'Honneur, officier de l'Instruction publique. Cette mort inattendue a produit dans le
département d'Eure-et-Loir une douloureuse sensation,
et y laissera de longues traces de regrets.

Des témoignages venus de toutes parts, en cette triste
circonstance, attestent combien cet homme excellent
avait su s'attirer de considération et d'estime à toutes
les époques de sa vie, et dans les différentes positions
qu'il avait occupées. Nous avons regardé comme un
devoir pieux de recueillir et de résumer ces documens
précieux d'une existence consacrée tout entière à la
pratique du bien.

M. Jean-Baptiste-Honoré DENAIN est né à Auneuil
(Oise), le 24 juin 1800. Privé de son père à l'âge de six

ans, il fut élevé par les soins d'un ecclésiastique, son oncle maternel. L'abbé Héron était fait pour exercer sur l'âme de son jeune neveu la plus salutaire influence : c'était un prêtre vénéré pour sa grande vertu. Il fut victime de la charité, et mourut du typhus qu'il gagna dans les hospices de Beauvais, en soignant les prisonniers malades en 1814.

M. Denain puisa dans cette éducation des principes et des exemples qu'il s'est toujours fait un honneur de suivre fidèlement. A seize ans, il terminait ses études scolaires, marquées par des succès exceptionnels. Il avait été instruit par la méthode des Oratoriens qui, à travers les vicissitudes de notre enseignement public, a laissé un souvenir encore aujourd'hui respecté. Son intelligence, sa passion pour l'étude, son caractère sérieux attirèrent sur lui l'attention, et lui procurèrent de bons appuis. L'abbé Héron, son oncle, était intimement lié avec M. Clauzel de Coussergues, inspecteur de l'Université, qui administrait, en qualité de grand-vicaire, le diocèse de Beauvais avant le rétablissement du siége épiscopal de cette ville. Ce digne ecclésiastique, et son frère Msr Clauzel de Montals, ancien évêque de Chartres, s'intéressèrent à ce jeune homme qui annonçait tant d'avenir : à peine sorti des classes, à seize ans et demi, il fut précepteur des enfants du baron de Bréda à Compiègne.

Après cet essai si précoce dans la carrière de l'éducation, M. Denain entra dans l'Université, et fut tout d'abord nommé professeur de rhétorique au collége de Soissons. Grâce à une application que ne détourna jamais le goût des plaisirs frivoles, il sut, sans manquer aux devoirs de son état ni à son dévouement pour ses élèves, enrichir son esprit de nouveaux trésors. La poésie surtout, qu'il appelait modestement le péché de sa

jeunesse, avait captivé son âme. Il y appliqua ses belles
facultés, et la cultiva avec succès. Deux fois il fut cou-
ronné par la Société des bonnes lettres de Paris, et il
avait alors pour rivaux dans ces luttes glorieuses les
poëtes qui ont depuis acquis en France la plus haute
célébrité.

C'était un brillant début : que ne devait-on pas en es-
pérer ? Mais la vie pratique et d'autres soins attendaient
M. Denain. En 1825 il fut détaché de l'Université par
l'abbé Nicole, Vice-Recteur de Paris, pour faire l'éducation de l'héritier d'un grand nom, du jeune comte de
Labédoyère, fils de l'illustre général qui avait payé de
sa vie son dévouement à la cause désespérée de Napo-
léon Ier. La tâche était délicate : il y avait là de grands
souvenirs à faire respecter, sans froisser les sentiments
d'une famille aimée de la dynastie régnante dont elle
avait partagé les malheurs. M. Denain hésita longtemps ;
mais enfin, il céda à de pressantes sollicitations. M. de
Frayssinous, alors ministre, considérant cette mission
comme un service public, avait promis de le récom-
penser par un bel avancement.

M. Denain se dévoua à cette œuvre avec l'esprit de sagesse et de conscience qu'il apportait dans tous ses devoirs ; il s'attacha à son élève par une tendre affection,
et lui sacrifia généreusement les dix années les plus
précieuses d'une carrière si bien commencée.

Toutefois, ces dix années ne furent pas perdues pour
le développement de ses connaissances déjà nombreuses.
1830 arriva : Mme de Labédoyère, à qui les révolutions
avaient été si funestes, quitta la France, dans la crainte
de nouveaux malheurs. Pendant cinq ans, le précepteur
parcourut avec son élève, devenu jeune homme, l'Ita-
lie, la Suisse et les principales villes de l'Allemagne ; il
suivit avec lui, notamment à Genève, les leçons des

plus savants professeurs ; il visita les bibliothèques, étudia les monuments. Avec les heureuses dispositions dont il était doué, M. Denain rapporta de ces voyages les connaissances variées qu'il sema plus tard dans tous ses travaux, et qui donnaient tant de charme à sa conversation.

Mais, à son retour en France, il ne retrouva pas le gouvernement qui lui avait promis la récompense de son dévouement. Le collège de Pontlevoy, alors dans son plus grand éclat, lui confia sa chaire de rhétorique. Il la remplit avec la plus grande distinction, et naguère encore nous entendions un de ses élèves, devenu un des hauts dignitaires de l'Université, rappeler, après trente ans, avec quelle puissance il les « électrisait ».

M. Denain était alors dans toute la force de son talent : la fortune des lettres le tenta. La carrière qu'il y devait suivre était tracée d'avance par ses sentiments chrétiens. M. de Genoude l'associa à sa vaste entreprise de la traduction des Pères de l'église. Quelques années plus tard, M. de Salvandy le nommait bibliothécaire de l'arsenal. C'est à cette période, de 1840 à 1850, que se rapportent tous les travaux littéraires de M. Denain. Les écrits de saint Cyprien, de Tertullien, de saint Anselme ont été reproduits par lui dans notre langue avec ce style ample, cette forme grande et majestueuse qui convenaient si bien pour interpréter les grands génies du christianisme naissant.

Comme tous les écrivains de son époque, M. Denain prêta sa collaboration à plusieurs journaux ; mais il ne leur consacra guère que des articles de littérature. La politique n'eut jamais pour lui beaucoup d'attrait : homme de principes, il n'était pas homme de polémique. Son esprit d'ordre et de paix, sa droiture naturelle ne lui donnaient aucun goût pour cette arène où les pas-

sions jouent un plus grand rôle encore que les convic-
tions, et où il est si difficile de s'engager dans un parti,
sans manquer à la justice.

L'année 1850, avec sa nouvelle loi sur l'enseignement,
rouvrit à M. Denain les portes de l'Université qu'il n'a-
vait quittée qu'avec regret. Il fut nommé Recteur de la
Haute-Marne, puis, en 1853, appelé avec le même titre
dans notre département d'Eure-et-Loir. Mais on ne tarda
pas à reconnaître que la création d'une académie par
département, en morcelant l'autorité, lui avait ôté sa
force, son énergie et ses ressources. L'Université rentra
dans des limites plus favorables à l'unité administrative,
et M. Denain, comme la plupart de ses collègues, vit
changer son titre de Recteur en celui d'Inspecteur
d'Académie. Son zèle ne se ralentit pas pour cela : il
s'inspirait à une source plus élevée que les encourage-
ments ou les mécomptes de l'amour-propre. C'est surtout dans les dix-sept années qu'il a consacrées à l'ad-
ministration de l'enseignement, qu'il lui a été donné de
montrer tout ce que son âme renfermait de sagesse,
d'élévation, d'amour du bien. D'un esprit à la fois
ferme et conciliant, jamais il ne ferma les yeux sur les
fautes qui pouvaient compromettre le corps auquel il
était tout dévoué ; mais nul ne fut plus bienveillant pour
les personnes. Observateur judicieux, il savait apprécier
les hommes et les choses ; s'il poussa quelquefois jusqu'à l'inquiétude le sentiment de sa responsabilité, on
ne le vit pas sacrifier à d'injustes préventions. Du reste,
homme du devoir par excellence, il cherchait surtout
à prêcher d'exemple, et sa vie est le meilleur modèle
qu'on puisse proposer à ceux qui se livrent aux graves
et difficiles fonctions de l'éducation de la jeunesse. Ses
journées, si bien remplies, étaient invariablement par-
tagées entre l'accomplissement de ses devoirs religieux,

dix ou douze heures de travail, et quelques distractions au sein de sa famille. M. Denain ne connut jamais d'autres plaisirs.

Sans doute les fonctions administratives, si compliquées qu'elles soient devenues, n'auraient pas, à elles seules, exigé un sacrifice aussi complet. Plus d'une fois la sollicitude de l'autorité, pour ménager un concours si précieux, s'efforça d'en modérer l'ardeur; mais la conscience de M. Denain ne lui laissait ni repos ni trève, tant qu'il savait un moyen de se rendre utile à la cause si digne d'intérêt qui remplit toute sa vie d'action. Qui ne sait avec quel soin scrupuleux il voulait, dans les examens scolaires, se rendre compte du travail et des progrès de chacun? Laissa-t-il jamais échapper une occasion de faire entrer dans le cœur des élèves ou des instituteurs ces belles leçons qui coulaient avec tant de facilité de son esprit si riche de souvenirs, de son cœur si plein de bons désirs?

Ajoutons que M. Denain trouvait encore dans ces exercices une douce satisfaction pour ses goûts littéraires. Il s'oubliait volontiers dans l'admiration des beaux passages des poëtes, des orateurs et des historiens qu'il faisait expliquer aux jeunes humanistes. Ses allocutions si nombreuses, et pourtant toujours variées, toujours fécondes, rappellent souvent les études favorites de sa jeunesse par de gracieuses images ou d'aimables fictions. Moins sévère que Platon, M. Denain ne craignait pas d'associer de temps en temps la poésie à ses graves occupations; il lui donnait même accès dans ses discours, sauf à cacher l'auteur derrière l'ingénieux mensonge d'une citation. Aussi la poésie lui fut fidèle à son tour, et nous n'avons pas oublié cette belle paraphrase de la parabole de l'*Enfant prodigue* qu'il lut, il y a peu de temps, au milieu de l'émotion générale, dans une séance de la Société archéologique de Chartres, dont il était le vice-président.

M. Denain dut goûter plus que personne les douceurs que procurent l'accomplissement du devoir, l'élévation de l'esprit et des sentiments, le culte des lettres dans ce qu'il a de plus pur. A ces éléments de bonheur il joignait encore l'estime de ses supérieurs, l'affection de ses subordonnés et la tendresse d'une famille qui faisait sa joie comme père et comme époux, son orgueil comme homme d'intelligence, et sa consolation comme chrétien. Cependant, dans ses dernières années surtout, des nuages de tristesse obscurcissaient souvent son front. Il faut sans doute attribuer aux germes de la maladie à laquelle il a succombé ce fond de mélancolie qui ne le quittait pas dans la solitude, et qu'il combattait par bienveillance, en présence de ceux qu'il aimait. Disons aussi que cet excellent homme ne fut pas exempt des peines que la Providence impénétrable, et pourtant toujours sage dans ses desseins, n'épargne pas aux âmes les plus vertueuses. M. Denain était ferme dans le devoir; mais il l'était par conscience, plus que par caractère. Passionné pour le bien, il eût voulu que tout fût bien autour de lui. Sa raison lui disait qu'il n'en pouvait pas être ainsi, mais il ne put jamais empêcher son cœur d'en souffrir.

Sous l'influence de cette disposition morale et des travaux excessifs auxquels il se livrait jour et nuit, le mal qui le minait intérieurement faisait des progrès. Il voyait sa fin approcher, et cette pensée prenait dans son esprit une place de plus en plus inquiétante pour les siens, quand la mort prématurée de son ancien élève et son ami, M. le comte de Labédoyère, vint le frapper d'un nouveau coup. Quinze jours plus tard, le 25 août 1867, il expirait lui-même, après quelques instants

seulement d'agonie, au milieu des larmes de sa famille
et des prières de la religion. Deux écrits inachevés auxquels il travaillait encore quelques heures avant sa mort,
résument sa vie, et révèlent ses dernières préoccupa-
tions : le premier est un discours qu'il devait prononcer deux jours après pour la distribution des récompenses
accordées aux instituteurs du département; le second
est la paraphrase en vers du *dies iræ*.

Les quatre cents instituteurs convoqués par lui à
Chartres pour la cérémonie dont nous venons de parler, purent à peine être prévenus que leur réunion
changeait si tristement d'objet. Ils assistèrent à ses fu-
nérailles avec les autorités du département, le Conseil
général alors en session, et la ville entière. La tristesse
peinte sur tous les visages indiquait assez ce qui se
passait au fond des cœurs.

A. R.

Quatre discours ont été prononcés sur la tombe de
M. Denain. « Le discours de M. le Préfet, (dit l'*Echo
» Dunois*, auquel nous empruntons ce passage) était
» particulièrement remarquable. Ce magistrat était pro-
» fondément ému, en prononçant l'éloge funèbre d'un
» homme qu'il ne se contentait pas d'estimer, mais
« qu'il aimait pour ses grandes vertus, son noble carac-
» tère, et sa haute intelligence dans les affaires de l'en-
» seignement. *Ce n'est pas un fonctionnaire éminent que
» nous perdons*, a-t-il dit, *c'est un ami;* et il finissait son
» discours par ces mots qui sont à eux seuls le plus
» grand éloge qu'on puisse faire d'un homme : *M. De-
» nain était un de ces hommes à qui l'on succède, mais
» qu'on ne remplace pas.* »

Nous reproduisons ci-dessous les trois autres discours prononcés. le premier. par M. Filon inspecteur de l'académie de Paris qui représentait M. le Vice-Recteur, le second par M. Rimbault, principal du collége de Chartres, et le troisième par M. Pillet, inspecteur primaire.

MESSIEURS,

Permettez-moi d'ajouter quelques mots aux paroles éloquentes que vient de prononcer le premier magistrat de ce département, si bien placé pour apprécier le mérite de celui que nous pleurons. Je ne viens pas seulement, en mon nom personnel, adresser un dernier adieu à un collègue à qui j'avais voué une estime profonde; je suis chargé par M. le Recteur, que ses occupations retiennent à Paris, de vous dire combien il s'associe au deuil de la ville de Chartres et de quelle douleur il a été pénétré en apprenant la perte inattendue d'un si dévoué collaborateur. Il a été d'autant plus ému qu'il existait un lien de parenté entre sa famille et celle du si regrettable M. Denain.

L'opinion est unanime, Messieurs, sur les services que notre honorable collègue a rendus à l'enseignement. Après avoir débuté, à l'âge de 22 ans, comme professeur de rhétorique au collége de Soissons, il a quitté quelque temps l'Université pour faire une éducation particulière : il a élevé l'héritier d'une noble famille (1), qui a conservé de ses soins éclairés un souvenir reconnaissant. Son élève était devenu son ami; et ces dix années, passées en dehors de l'enseignement public, n'ont été perdues ni pour son expérience d'instituteur, ni pour ses travaux littéraires. Chargé plus tard de la garde d'une des grandes bibliothèques de Paris, il s'y est recueilli comme dans un cloître; et, tout en aidant les autres à orner leur intelligence, il a perfectionné la sienne. Aussi quand il est rentré, il y a 17 ans, dans l'Université militante,

(1) M. le comte de Labédoyère.

comme recteur d'Académie, il s'est montré dès l'abord au
niveau des hautes fonctions qu'il avait à remplir dans des
circonstances difficiles. Vous l'avez vu à l'œuvre, Messieurs,
quand le Recteur de la Haute-Marne est devenu Recteur
d'Eure-et-Loir ; et lorsque le Gouvernement de l'Empereur,
inspiré des intérêts de l'Université, a réduit le nombre des
Académies qui avait été augmenté outre mesure, M. Denain
n'a pas cru déroger en remplissant comme Inspecteur dans
cette même cité les fonctions qu'il avait remplies comme
Recteur. Dans cette nouvelle position, vous lui avez conservé
la même estime et la même affection, parce que vous l'avez
vu déployer les mêmes qualités, et que vous savez juger les
hommes, non par leur titre, mais par les services qu'ils ont
rendus.

Personne plus que M. Denain ne sentait la lourde responsabilité qui pèse sur tous ceux qui participent aux travaux
de l'enseignement. Avec quelle ardeur il s'occupait de tout
ce qui pouvait contribuer à l'amélioration de notre système
d'instruction publique ! Il examinait les moindres détails ;
étudiant soigneusement les hommes et les méthodes ; labo-
rieux, infatigable, il a travaillé jusqu'à la dernière heure,
j'ai appris tout à l'heure qu'il avait convoqué, pour ce jour
même, les Instituteurs qui assistent à cette triste cérémonie,
et qu'il avait préparé pour eux un de ces discours où il
mettait son âme tout entière.

Au milieu de ses travaux administratifs, il trouvait le temps
de cultiver les lettres qui avaient été la passion de sa jeunesse ! Vous vous rappelez, Messieurs, ses remarquables
traductions de Tertullien, de Saint-Cyprien, de Saint-An-
selme, et ces touchantes poésies qu'il apportait à la Société
archéologique d'Eure-et-Loir, dont il était une des lumières.

Les récompenses qui lui ont été si justement décernées,
les palmes d'officier de l'Instruction publique et la décoration
de la Légion d'honneur n'étaient pour lui que des encoura-
gements à mieux faire. Homme du devoir avant tout, pro-
fondément religieux, en même temps que fidèle défenseur
des principes universitaires, il savait allier, dans ses fonctions académiques, la modération à la fermeté. Ce qu'il était

surtout heureux de réaliser, c'était le progrès moral de la jeunesse confiée à sa direction. On peut dire de lui ce qu'un vieux chroniqueur a dit d'un savant personnage du moyen-âge « qu'il avait soif du salut des âmes. » Il voulait faire, des élèves de nos colléges et de nos écoles, de bons chrétiens et de bons Français.

C'est par là, Messieurs, que sa mémoire vivra parmi vous ; et c'est la seule consolation qu'il nous soit permis d'offrir à sa famille désolée.

MESSIEURS,

Vous venez d'entendre des éloges auxquels vous avez tous applaudi dans vos cœurs, parce que vous avez senti qu'ils n'ont rien de factice, et qu'ils ne sont que l'écho de vos consciences.

Combattons donc, pour un moment, les défaillances de notre nature en présence de la mort; retenons l'émotion qu'excite en nous une trop légitime douleur, et devant cette manifestation imposante, comme aussi ce concours immense dont nous sommes témoins, ayons le courage de dire : heureux l'homme qui, au sortir de la vie, emporte avec lui de pareils témoignages, et qui, de ceux mêmes que leur position faisait ses juges, a su se faire en quelque sorte des admirateurs !

Pour nous, fonctionnaires des divers degrés de l'enseignement public, qui devions laisser à de plus autorisés que nous le soin de louer notre chef, n'aurons-nous rien à dire en ce moment suprême ? N'avons-nous pas, chers collaborateurs, à acquitter ensemble la dette sacrée de la reconnaissance ? Et qui en fut plus digne que l'homme vertueux, le sage et bienveillant administrateur que nous pleurons tous aujourd'hui ? Il est d'ailleurs encore une manière de louer une belle vie, c'est de se la proposer pour modèle. Parcourons les pages de cette existence consacrée tout entière à l'accomplissement du devoir, nous n'en trouverons pas une qui ne nous offre des exemples à suivre.

Privé, bien jeune encore, de la direction paternelle, M Denain fut élevé par un oncle, vénérable ecclésiastique pour lequel il a toujours conservé un culte pieux. Il puisa dans cette éducation les principes chrétiens qu'il professait hautement, vous le savez, et qui lui donnaient la force dans le devoir et des consolations dans les épreuves. Ses études furent rapides, à la fois brillantes et solides, parce que son adolescence ne connut point les écarts qui, pour plusieurs, retardent la maturité de l'esprit. A dix-sept ans, nous disait un de ses amis, ce jeune homme sans jeunesse portait déjà au front le caractère de grandeur morale qui fut sa distinction. Il avait à peine vingt-deux ans, que d'illustres familles se disputaient ses soins pour l'éducation de leurs enfants. Il y a quelques jours il consacrait lui-même, dans les feuilles publiques, un souvenir à la mémoire d'un homme que la mort enlevait prématurément aux plus grandes dignités, auquel il avait voué les dix plus belles années de sa vie, dont son cœur ne s'était jamais séparé, et qu'il devait trop tôt rejoindre dans la mort.

La grandeur morale, qui fut dans M. Denain le caractère dominant, ne doit pas nous faire oublier d'autres avantages dont il n'était pas redevable seulement à la nature, mais aussi à son ardent amour pour l'étude. Nous voulons parler de cette intelligence facile avec laquelle il élevait sans efforts sa pensée à la hauteur du sentiment qui l'inspirait; de cette mémoire heureuse, enrichie par la lecture et les voyages, de ce goût délicat et sûr, de toutes ces qualités enfin qui donnaient à son esprit une grande fécondité, à ses discours les formes de l'éloquence, à sa conversation elle-même une variété et un charme qui tempéraient heureusement la gravité habituelle de l'homme du devoir.

M. Denain aimait les lettres : après les Pères de l'Eglise, auxquels il a consacré un monument par de beaux commentaires, la poésie fut la passion de sa jeunesse; non pas cette poésie terrestre qui se dégage comme une vapeur malsaine du gouffre agité de nos misères et de nos faiblesses, mais celle qui va chercher sa flamme au sein même de la divinité. Cette poésie, il la cultiva avec succès, et il eut le bonheur de voir ses essais couronnés dans une capitale où tant d'efforts se perdent dans l'oubli, et quelquefois se consument dans le découragement. Il se plaisait à rappeler ces souvenirs, et nous l'avons vu plus d'une fois, dans le cours de ses nobles mais sévères fonctions, jeter en arrière un regard de complaisance, nous ne voulons pas dire de regret, sur les sept années qu'il avait passées au milieu des livres, à la bibliothèque de l'Arsenal.

Mais la vocation irrésistible de M. Denain c'était l'éducation : c'est là qu'était marquée pour lui la mission que tout homme est appelé à remplir dans le monde. En 1850, il rentra comme recteur de la Haute-Marne dans l'Université qu'il a toujours aimée, à laquelle il avait consacré les prémices de son goût pour l'enseignement des lettres, et dont il ne s'était séparé qu'avec regret. Désigné trois ans plus tard pour les mêmes fonctions dans le département d'Eure-et-Loir, il vit bientôt, par un revirement de nos lois, changer son titre en celui d'inspecteur, et il accepta avec grandeur d'âme une transformation que réclamait l'intérêt général, et qui, d'ailleurs, ne touchant qu'à ses prérogatives, laissait encore toute carrière à son dévoûment.

C'est dans ce poste, le dernier et le plus fécond de ceux qu'a occupés M. Denain, qu'il nous a été donné d'apprécier ces qualités de l'esprit et du cœur qui vous étaient retracées tout-à-l'heure par des hommes dont le témoignage seul est déjà un éloge. Nous ne répéterons pas après eux ce qu'ils ont dit avec une force et une autorité que nous ne saurions trouver en nous-même. La louange, comme il convient, est partie d'en haut ; mais il nous reste d'autres sentiments à exprimer à nous, membres de l'enseignement public, et nos voix ne seront pas plus muettes que nos cœurs. Rendons donc hommage à cet esprit de sagesse qui fut notre étoile, à cette inépuisable bienveillance qui n'avait qu'un but, être utile ; à cette indulgence qui, ferme dans les principes, ne voulut jamais contrister personne ; à ce dévouement sans bornes qui donnait à chacun sa part de sollicitude et ne la refusait qu'à lui-même. Inclinons-nous aussi avec respect devant cette vie austère qui ne connaissait que le travail, et ne se permettait d'autres distractions que celles que lui procuraient des habitudes vraiment patriarcales au sein d'une famille aimable, affectueuse, et digne de son chef par ses vertus.

Tel fut l'homme que nous ne reverrons plus que dans nos souvenirs, heureusement impérissables. C'est par ces qualités qu'il atteignit ce but élevé que nous devons ambitionner tous, parce qu'il est à la portée de tous, *l'estime publique*. L'estime publique, messieurs, c'est pour l'homme de bien un trésor plus précieux que la gloire elle-même, car le bruit que font les grands noms est quelquefois nécessaire pour étouffer autour d'eux bien des plaintes. L'estime publique ! ce n'est ni le hasard d'une position sociale, ni les caprices de l'opinion qui la donnent. Interrogez la vie des hommes privilégiés qui ont su la conquérir, vous y verrez toujours ces trois mots qui résument si bien la vie de notre vertueux inspecteur : *droiture, modération, sacrifice*.

Le sacrifice ! n'est-ce pas là, en effet, toute l'existence de M. Denain ? Jusqu'à la fin son dévouement se refusa à prendre du repos : ni les larmes de sa famille tendrement aimée, ni les sollicitations de l'amitié, ni les douces remontrances d'un chef vénéré, autre exemple lui-même de l'immolation au devoir, ni les premiers avertissements de la mort, rien ne put l'arrêter. Il aima le devoir plus que sa vie, dont il sentait chaque jour une parcelle se détacher de lui-même ; il aima le devoir jusqu'à vouloir en dévorer les amertumes. Mais que parlons-nous des amertumes du devoir ? Est-il donc vrai que la conscience satisfaite, le sentiment du devoir accompli peuvent encore laisser dans l'âme des tristesses ? Ne travaillons pas à détruire en nous les promesses d'une autre vie, en cherchant dans celle-ci des compensations qui n'y sont pas. Non, l'équilibre n'est pas dans ce monde : laissons à l'homme de foi la douceur de quitter la terre sans désespoir.

Messieurs les instituteurs, vous avez les derniers occupé la pensée de l'homme dévoué dont nous allons nous séparer à jamais; il vous avait lui-même appelés aujourd'hui pour une autre cérémonie que celle qui vous retient en ce moment, et vous avez vu vos habits de fête transformés tout-à-coup en vêtements de deuil. Avant d'abandonner la dépouille que la terre avide nous réclame avec impatience, serrons-nous autour de cette tombe, promettons-nous tous de garder le souvenir du chef bien-aimé qu'elle renferme; que son nom reste toujours parmi nous comme le symbole de l'amour du devoir, et son âme si ardente pour le bien s'en réjouira jusque dans ces demeures éternelles où nous avons la confiance qu'elle goûte aujourd'hui les douceurs de la paix.

MESSIEURS,

Nous n'avons rien à ajouter à ce que vous venez d'entendre touchant la vie et les œuvres du chef éminent et vénéré que nous pleurons. Mais ne vous semble-t-il pas qu'il manquerait quelque chose aux hommages rendus à sa mémoire si, nous faisant dans cette douloureuse circonstance l'interprète obligé des membres de l'enseignement primaire, Ecole normale et instituteurs, nous ne venions dire tout haut l'adieu de respectueuse affection qui est dans le cœur de tous?

Nous tous, en effet, Messieurs les instituteurs, depuis quatorze ans, nous avons connu M. l'inspecteur d'Académie Denain; nous étions la partie la plus nombreuse de sa famille administrative. Nous savions que son intérêt et sa sollicitude ne connaissaient point de bornes. Il tendait la main au jeune homme méritant qui se préparait pour entrer dans la carrière, l'encourageait et l'aidait de ses conseils. L'Ecole normale vous dira avec quelle scrupuleuse attention il suivait les efforts des maîtres et les progrès des élèves, et avec quelle joie il accueillait les succès des uns et des autres.

Mais c'est surtout dans la direction et les soins si multipliés d'un personnel considérable et d'établissements nombreux

que son activité sous toutes ses formes a laissé des traces ;
vous le savez tous, Messieurs, il aimait et soutenait les forts,
s'ingéniait à relever les courages affaiblis, à remettre dans
la voie droite ceux qui s'en écartaient. Il n'est pas un de
nous qui n'ait été l'objet de sa sollicitude et de sa bienveillance particulière, et qui ne pût compter sur son sympa-
thique et tout-puissant concours.

Un dernier mot peut résumer notre pensée.

M. Denain s'est donné tout entier aux devoirs de sa charge.
Rien ne pouvait l'en détourner. Quelle vie a été plus labo-
rieuse, plus remplie et a plus approché du sacrifice ?

Il a été notre guide et notre modèle. Qu'il nous soit permis,
avant de nous séparer de sa dépouille mortelle, de déposer
sur sa tombe et nos adieux et l'expression de notre profonde
tristesse !

†

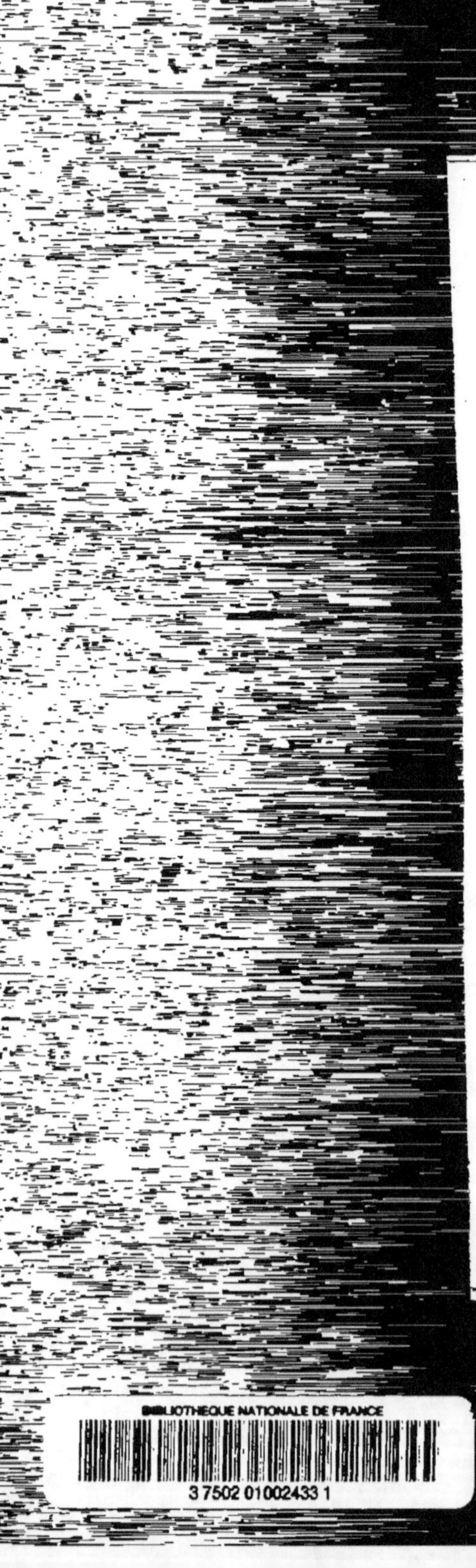